AF533518

Klaus und Gabriela Ender

Das kleine Mönchgutbuch

Rhino Westentaschen-Bibliothek
Band 93

OST
Rügen
Ostseebad Baabe
Ostseebad G
Mönchgut
Alt Reddevitz
Middelhagen
Mariendorf
Lobbe
Gager
Groß Zicker
Klein Zicker
Ostseebad Thiess

Klaus und Gabriela Ender

Das kleine MÖNCHGUT BUCH

RHINOVERLAG

Trotz gewissenhafter Bearbeitung kann eine Haftung für den Inhalt nicht üb nommen werden. Für aktuelle Ergänzungen und Anregungen ist der Ver jederzeit dankbar. Wir bedanken uns bei allen, die uns unterstützt haben.

Fotos: Klaus Ender (1939–2021)

Gedichte: Klaus Ender, Seiten 16/17: aus „Ein Samenkorn mit Zuversicht“
Seite 57 und 91: aus „Rügen – Poesie einer Insel“

Impressum

© 2022 RHINOVERLAG Dr. Lutz Gebhardt & Söhne GmbH & Co. KG
Am Hang 27, 98693 Ilmenau
Tel.: 03677 / 46628-0, Fax: 03677 / 46628-80
www.RhinoVerlag.de

Alle Rechte vorbehalten.
Nachdruck, Vervielfältigung und Verbreitung – auch von Teilen – bedürfen d ausdrücklichen Genehmigung des Verlages. Das gilt insbesondere für Üb setzungen, Mikroverfilmungen und die Einspeicherung und Verbreitung elektronischen Systemen.

Titelbild:	Klaus Ender
Layout, Satz:	Ute Schmidt, Geraberg
Schrift:	Minion Pro
Titelgestaltung:	Jana Rogge, Weimar

1. Auflage 2022

ISBN: 978-3-95560-093-8

INHALTSVERZEICHNIS

ZUM GELEIT

Auf drei Seiten von Meer und Bodden umspült, mit größeren Hügeln, schönen feinsandigen Stränden, urigen Küsten und malerischen Dörfern ist Mönchgut die lieblichste Region Rügens. Für Maler, Fotografen und Naturfreunde ist sie mit ihren abwechslungsreichen Landschaften, Schilf umsäumten Ufern, verträumten Buchten an den Boddengewässern und schroffen Steilküsten auch die schönste. Zwischen Ostsee und Greifswalder Bodden gelegen, besteht Mönchgut aus mehreren Landzungen wie dem Reddevitzer Höft sowie dem großen und kleinen Zicker. Diese trennen Bodden voneinander wie die Hagensche Wiek, die Having, die Kaming und der Zickersee. Die 29,44 Quadratkilometer große Halbinsel weist eine Küstenlänge von 53 Kilometern auf. Sie wird nördlich von Baabe durch den Mönchgraben, den vermutlich schon die Slawen anlegten, vom Rest Rügens getrennt. Seit 2002 steht das Mönchgut-Tor an dieser historischen Grenze. Vier Figuren zieren das hölzerne Tor mit Rohrdach: Fürst Jaromar, ein Abt des Klosters Eldena und ein Mönch-

Das Mönchguttor
an der historischen Grenze

MONTAG -
SONNTAG

guter Fischerehepaar in traditioneller Tracht. Sie verkörpern die traditionellen Werte.

Im 13. Jahrhundert kaufte das Greifswalder Kloster „Eldena" Mönchgut nach und nach auf. Mit „Insula Zicker" gehörte 1360 ganz Mönchgut dem Kloster und erhielt den Namen „Mönchegud". Da es sich vom Rest Rügens und vom Festland abschottete, vollzog sich das Leben streng nach religiösen Vorgaben. Bedingt durch diese Abgeschiedenheit und Eigenständigkeit blieben Traditionen hier weit länger erhalten. Die Mönchguter Trachtengruppe pflegt diese Bräuche bis heute. Von der Ursprünglichkeit der Landschaft konnte sich Mönchgut viel bewahren.

Die Region war dünn besiedelt, das Land karg. Die Bewohner lebten bis Ende des 19. Jahrhunderts hauptsächlich vom Fischfang, etwas Ackerbau und von Lotsentätigkeiten. Die Schönheit dieses Landstriches und vor allem die Einzigartigkeit der Strände sprachen sich dennoch herum. Um 1900 kamen schon mehr als dreimal so viele Badegäste wie Mönchgut Einwohner hatte. Anfangs nutzte vor allem die ärmere Bevölkerung diese Einnahmemöglichkeit. Heute ist der Tourismus die Haupteinnahmequelle. Vor allem der sanfte und naturnahe Tourismus wird in vielen Regionen angeboten. Mönchgut-Urlauber suchen in der Regel nicht Aktion, Trubel und Animationsangebote, sondern Ruhe, Entschleunigung und eine intakte Natur.

Ob gediegene Hotels in Göhren oder kleine idyllisch gelegene Pensionen, gemütliche Ferienwohnungen oder geräumige Appartements – auf diesem malerischen Fleckchen Erde gibt es für jeden Geschmack und für die verschiedenen Geldbeutel etwas. Campingplätze findet man in Göhren, Lobbe, Thiessow, Gager und bei Alt Reddevitz. Diese Urlaubsform erfreut sich in den letzten Jahren zunehmender Beliebtheit und ist vor allem für Natur verbundene Menschen ideal. Den Aktiven bieten sich außerdem zahlreiche, auch geführte Wanderungen durch das Naturschutzgebiet, ein literarischer Spaziergang auf den Spuren von Sagen und Mythen, Nordic Walking und so vieles mehr. Da es nur eine Straße nach Mönchgut gibt, empfiehlt es sich, wo immer es möglich ist, das Auto stehen zu lassen und auf Rad, Schmalspurbahn, Bus oder Schiff auszuweichen.

LANDSCHAFT

Biosphärenreservat Südost-Rügen

Seit 1991 gehört das Mönchgut vollständig zum UNESCO-Biosphärenreservat Südost-Rügen. Anliegen dieser Schutzregionen ist es, ein harmonisches Verhältnis zwischen dem wirtschaftenden Menschen und dem Schutz der natürlichen Ressourcen zu entwickelt sowie die Flachwasserbereiche der angrenzenden Bodden vor Beeinträchtigungen zu bewahren. Gerade diese Gebiete, wo Land und Meer tief ineinander greifen, Küstenvorsprünge der ständigen Erosion ausgesetzt sind, erfordern von den Menschen ein verantwortungsbewusstes und weitsichtiges Handeln.

Dazu kann jeder beitragen. Nachhaltiges Bewusstsein beginnt im Alltag und mit kleinen Dingen. Eine sehr positive Entwicklung ist dabei der Trend zum regionalen Einkaufen oder aus Altem Neues zu kreieren und die Natur bewusst wahrzunehmen. Im Herbst zeigt die „Woche der Nachhaltigkeit“ Perspektiven für einen schonenden Umgang mit den Ressourcen der Natur auf. Es finden verschiedene Veranstaltungen wie Führungen, Wanderungen, Vorträge oder das Schäferfest statt. Bei diesem stellen sich regionale Firmen vor. Interessierte können am Tag der offenen Tür z. B. die Schäferei oder die Imkerei besuchen und alles über die Arbeit dort erfahren. An den Fischertagen im Frühjahr wird der heimische Fischfang vorgestellt.

Allee vor Middelhagen

Die in Gager ansässige Imkerei Baumgarten engagiert sich seit vielen Jahren für den Erhalt der Bienen und hat 2019 ein Pilotprojekt gestartet, bei dem Bienenvölker mit Imker gemietet werden können. Unter anderen beteiligten sich die Kurverwaltungen von Middelhagen und Baabe daran. Der Honig ist dort erhältlich und für viele Urlauber ein besonderes Souvenir.

Bodden – die Lagunen des Nordens

Das niederdeutsche Wort „Bodden“ bedeutet „Boden“ oder „Grund“. Bodden sind weder Binnensee noch Meer. Diese flachen Küstengewässer sind durch Landzungen vom Meer weitgehend getrennt, bleiben aber durch eine meist schmale Öffnung mit ihm verbunden. Ihr Salzgehalt ist geringer als der der Ostsee, ihr Nährstoffreichtum größer.

Der Rügische Bodden erstreckt sich zwischen den Halbinseln Mönchgut und Zudar und geht in den Greifswalder Bodden über. Auch er ist Teil des Biosphärenreservats Südost-Rügen.

Blick über die Hagensche Wiek

Der Bodden

Zwischen Land und Meer
kommt im Norden etwas her,
das im Süden unbekannt,
oben Bodden wird genannt.

Hier hat Zeus mit seiner Macht
vor dem Land nicht halt gemacht.
Hat zerrissen dieses Land.
Datum etwas unbekannt.

Dieses Werk ist gut gelungen,
Land und Bodden eng umschlungen,
zeigen nun in aller Pracht,
was das Land noch schöner macht.

Schilfbewachsen, flach und seicht
bis zum Horizont es reicht,
waldumgeben – kiesig Strand,
Tierwelt hier auch Heimat fand.

Krönung aber ganz zum Schluss
wär' ein Haus mit Boddengruß.
Sitzt man hier auf seiner Bank,
sagt man nur: „Oh Zeus, hab' Dank!"

Reddewitzer Höft

DIE HÖFTE UND HALBINSELN

Weite Buchten, schmale Landzungen und romantische Halbinseln prägen das Mönchgut. Höfte sind natürliche Ufervorsprünge, meist am Ende einer Landzunge. Diese herrliche Boddenlandschaft verzaubert mit einmaligen Lichtstimmungen, flirrenden Lichtern auf dem Wasser und

Blick von Klein Zicker über die Kaming auf Groß Zicker

einer gewaltigen Artenvielfalt. Der Wechsel zwischen Land und Wasser hat seinen ganz eigenen Reiz. Hier lässt sich auch in der Hauptsaison Stille finden, egal ob man mit dem Fahrrad oder als Wanderer unterwegs ist.

Reddevitzer Höft

Vom Ort Alt Reddevitz führt eine gut vier Kilometer lange Landzunge bis zum Redewitzer Höft. Die Landzunge wird Alt Reddevitz genannt. Diese erreicht eine Breite zwischen 200 bis 500 Metern. Im Norden grenzt sie an die Having, südlich an die Hagensche Wiek, im Westen und Südwesten an den Rügischen Bodden. Das Areal wird größtenteils landwirtschaftlich genutzt. Im Frühjahr erstrahlen tiefgelbe Rapsfelder, der Blick schweift über Wildblumen auf das glitzernde Wasser. Im Naturparadies Teutenberg findet man noch alte Apfelsorten. Ein besonderes Erlebnis ist die Apfelblüte im Frühjahr und das Apfelblütenfest ein beliebter Höhepunkt.

Durch diese herrliche Landschaft zieht sich „De lange Wech" bis zum eigentlichen Höft und endet im Westen mit einer Steilküste. Das ca. 15 Meter hohe Kliff namens Kasper Ort bietet eine phantastische Aussicht zur Stresower Bucht und zum Rügischen Bodden mit der Insel Vilm. Der Blick über diese weite licht- und luftdurchflutete Landschaft lässt Freiheit und Leichtigkeit empfinden. Das Kliff verliert im Jahr durchschnittlich 20 Zentimeter an das Meer. Die wildromantische Steilküste ist von großen Findlingen gesäumt. Diese urige Natur ist ein Eldorado für Wanderer.

Das Reddevitzer Höft

Zickersches Höft und Zickersche Berge

Das Zickersche Höft gehört zur Kernzone des Biosphärenreservates Südost-Rügen. Hier soll keine wirtschaftliche Nutzung mehr erfolgen. Die Zickerschen Berge sind ein ideales Wandergebiet für Ruhe Suchende. Auch in der Hauptsaison herrscht hier kein Gedränge. Zahlreiche Wanderwege lassen die Natur erleben. Der längste Rundweg beträgt etwa sechs Kilometer. Die Hügellandschaft besteht größtenteils aus Wiesen- und Weideflächen, auf denen eine bemerkenswerte Vegetation zu finden ist wie Ackerwachtelweizen, Großer Ehrenpreis oder Zwerg-Lerchensporn, blaues Berg-Sandknöpfchen oder gelbes Habichtskraut. Die artenreichen Trocken- und Magerrasen stehen unter besonderem Schutz.

Baken- und Zickerberg sind mit jeweils 66 Metern die höchsten Erhebungen auf dem kaum bewaldeten Naturschutzgebiet. Der Bakenberg bietet einen herrlichen Ausblick auf die umliegenden Orte und romantischen Bodden. Unweit davon befindet sich der Breitenstein, ein Naturdenkmal. An den Küsten liegen große Findlinge. Der westlichste Ufervorsprung, namens Swantegard, ist eine Talmulde vom Zicker Berg zum Rügischen Bodden und endet beim sagenumwobenen Nonnenloch, in das – der Überlieferung nach – die Nonnen geworfen wurden, die sich „vergangen" hatten. Im Norden wird die Halbinsel von der Hagenschen Wiek begrenzt, im Süden von Kaming und Zickersee, im Südwesten vom Rügischen Bodden. An der Südseite der Zickerschen Berge

Im Vordergrund Reusen im Bodden, dahinter die Zickerschen Berge

liegt der Ort Groß Zicker, auf der anderen Seite das Dorf Gager. Der Name Zicker stammt vom Slawischen sikora und bedeutet Meise.

Halbinsel Kleiner Zicker

Am südlichen Ende Mönchguts liegt über eine 130 Meter breite Landzunge zu erreichen der Kleine Zicker. Er ist hügelig, rund 750 Meter lang und bis zu 650 Meter breit. Seine höchste Erhebung erreicht 38 Meter und bietet eine herrliche Aussicht auf die Zickerschen Berge. Östlich und nördlich wird sie vom Zicker See begrenzt, westlich von der Kaming und südlich vom Rügischen Bodden. Der nördliche Sandhaken heißt Klein Zicker Ort, was vielleicht etwas verwirrt, denn mit dem eigentlichen Ort Klein Zicker hat er nichts zu tun.

Zu DDR-Zeiten wurden Teile der Halbinsel vom sowjetische Militär genutzt und waren für die Bevölkerung gesperrt. Nachdem alte Militärgebäude und Schutt entsorgt waren, erfolgte ab 1997 die Renaturierung. Es wurde Wert darauf gelegt, die Moränenlandschaft in ursprünglicher Form

Die Landschaftspfleger auf dem Kleinen Zicker

wiederherzustellen. Um Bodenerosion zu verhindern, brachte man auf acht Hektar eine Trockenrasenmischung aus, die der ursprünglichen Vegetation angepasst war. Die Pflege des Biotops besorgen Schafe, die man hier gemächlich in traumhafter Landschaft weiden sieht. Eine Wanderung entlang des Steilufers ist ein bewegendes Erlebnis. Einzig die Uferschwalben, die im Hochufer nisten, haben es hier eilig. Der Aussichtspunkt über der Steilküste im Westen bietet einen weiten Blick über das Mönchgut und die Bodden

Das Nordperd

Der Begriff „Perd" stammt aus dem Slawischen und bezeichnet einen Vorsprung, der in das Meer hineinragt. Das **Nordperd** ist ein bewaldetes Kap bei Göhren und bildet den östlichsten Punkt Rügens. Die etwa 1500 Meter lange Landzunge hat die Form eines Dreiecks. Mit seinen 60 Metern Höhe bietet es bei guter Sicht einen herrlichen Ausblick über das Meer bis nach Usedom, zur Greifswalder Oie und nordwestlich bis zur Kreideküste. Der Bereich Nordperd umfasst 69 Hektar.

Blick vom Nordstrand auf das Nordperd

Das Südperd

Das **Südperd** liegt im Südosten Mönchguts in der Gemeinde Thiessow und ist ebenfalls Teil des Biosphärenreservates Südost-Rügen. Mit dem Lotsenberg erreicht es eine Höhe von knapp 36 Metern. Nördlich schließt sich der etwa fünf Kilometer lange Ostrand an, südwestlich der Südstrand mit dem Endhaken und östlich bzw. südöstlich der Greifswalder Bodden.

Blick vom Lotsenturm über Thiessow und Klein Zicker

FINDLINGE – GIGANTEN AUS DER EISZEIT

Als Findlinge bezeichnet man Steine ab einem Volumen von einem Kubikmeter. Sie liegen meist einzeln und gelangten während der Eiszeit mit Gletschern an ihren heutigen Platz.

Die Findlinge auf Rügen bestehen aus Granit oder Gneis. Meist stammen sie von der Ostseeinsel Bornholm und aus Südschweden. Aus solchen Felsbrocken errichteten die Menschen in der Jungsteinzeit ihre Großsteingräber. Auch heute noch faszinieren sie die Menschen.

Der größte Findling in Norddeutschland ist der **Buskam**, der zwischen der Seebrücke Göhren und dem Nordperd liegt. Nach neuen Vermessungen wird ihm ein Gewicht von 550 Tonnen zugeschrieben. Alte hatten ihm noch 1.600 Tonnen bescheinigt. Ihm ist es egal und an seiner Einzigartigkeit ändert das nichts. Der Monolith besteht aus Hammergranit und ragt, je nach Seegang, bis zu 1,5 Metern aus dem Wasser. Viele Sagen und Legenden ranken sich um ihn. In der Walpurgisnacht sollen die Hexen auf ihm getanzt haben. Mal galt er als Adebarstein, von dem die Störche die Kinder holten. Bei Hochzeiten soll es Brauch gewesen sein, ihn mit Booten zu umrunden. Ein Tanz auf ihm versprach dem Brautpaar Glück. Davon allerdings ist dringend abzuraten (es ist auch verboten), da er von weiteren, unter Wasser liegenden Steinen umgeben ist. Ebenfalls verboten ist das Anschwimmen. Wegen unberechenbarer Strudel besteht Lebensgefahr. In der Jungsteinzeit und wahrscheinlich auch in der

---

Der größte Findling Norddeutschlands – Buskam

Nach dem Heimatdichter Fritz Worm benannter Findling

Bronzezeit lag der Buskam noch auf dem Land und diente in letzterer als Kultstätte. Erst mit der Küstenüberflutung wurde er vom Wasser umspült.

Der **Fritz-Worm-Stein** gehört mit 46 Tonnen Gewicht zu den größeren Findlingen Rügens. Während eines Sturms wurde er 1913/14 aus dem Kliff Lobber Ort gerissen. Heute liegt er ca. 20 Meter im Wasser, was den Rückgang er Küstenlinie deutlich macht. Benannt wurde er nach dem Mönchguter Heimatforscher Fritz Worm (1863–1931).

Am **Nonnenloch** gibt es einen rund zwei Milliarden Jahre alten Findling, der von weiteren großen Steinen umgeben ist. Der Granitstein stammt aus Mittelschweden.

In den Zickerschen Bergen befindet sich der **Breitenstein**, ein großer roter Granit-Findling.

Das **Herzogsgrab** ist eine jungsteinzeitliche Megalithanlage ca. 3500 bis 2800 v. Chr. in der Baaber Heide. Es wurde 1922 vom Heimatdichter

Wurde mit dem Eis aus Schweden geschoben – Findling am Nonnenloch

Eine Großsteingrabanlage aus der Jungsteinzeit – das Herzogsgrab

Fritz Worm entdeckt. Archäologische Ausgrabungen belegten zahlreiche Beigaben wie jungsteinzeitliche Werkzeuge, Keramikscherben und Schmuckteile wie Bernsteinperlen. Es konnten auch nachträgliche Bestattungen aus der Bronzezeit nachgewiesen werden.

Findlinge sind heute gesetzlich geschützt. Die Zerstörung oder Beschädigung z. B. durch Graffitis kann teuer werden.

DIE OSTSEEBÄDER

Ostseebad Baabe

Baabe liegt direkt am Mönchgraben und ist somit das Tor zum Mönchgut. Der kleine Ort hat sich in den letzten Jahren zu einem attraktiven Ostseebad gemausert. Ein herrlicher 1,5 Kilometer langer, weißer Sandstrand lädt zum Baden und Sonnen ein – mit oder ohne Strandkorb, mit oder ohne Badebekleidung. Er bietet zudem einen wunderschönen Blick auf das Meer und die Seebrücken von Sellin und Göhren.

Von den schwarz geteerten Fischerbooten, mit denen sich die Urlauber in der Vergangenheit den Strand teilen mussten, ist nur noch eines übrig geblieben. Für die Touristen ging ein beliebtes Fotomotiv verloren, für die Fischer ein Teil ihrer Existenz.

Eine schöne Promenade mit idyllischem Kurpark und einer Freilichtbühne, auf der oft Musikver-

---

Fischerboote am Strand von Baabe.

nstaltungen stattfinden, viele Gaststätten, die rischen Fisch anbieten, und eine typische Bäder-rchitektur machen Baabe zu einem Urlaubspa-adies.

esonders idyllisch wandelt es sich im Lauben-ang der Strandallee. Steinerne Stelen weisen die Iimmelsrichtungen. Mitten im Ort blüht es im ommer farbenprächtig. Die Gemeinde beteiligt ich unter dem Slogan „Baabe summt“ am Bie-enschutzprojekt.

Mit einer auffälligen Architektur kann das In selparadies aufwarten, in dem sich heute ei Restaurant befindet. Das Bauwerk mit der Be ton-Hyparschale des Binzer Baumeisters Ulric Müther entstand 1966. Im Jahr 1997 wurde e unter Denkmalschutz gestellt. Einen weitere Müther-Bau findet man im Kurpark. Der klein Pavillon diente schon als Buchhandlung und be herbergt heute ein Schmuckgeschäft. Im Café Zei lässt sich die Zeit vergessen. Rohr gedeckte Häu ser lassen den Ursprung als Fischerdorf erahnen

Blick vom Baaber Strand Richtung Selliner Südstrand

Inselparadies – ein Müther-Bau

Die kleine evangelische Dorfkirche erlebte 1929 ihre Grundsteinlegung. Die eigenartige Form erinnert an einen umgedrehten Schiffsrumpf, der dem Kirchenraum nicht nur eine eigenwillige Atmosphäre verleiht, sondern auch eine besondere Akustik. Daher wird sie auch als „die Klingende" bezeichnet. Die Außenkanzel an der südöstlichen Ecke der Kirche geht auf die alte Tradition der Freiluftgottesdienste zurück. Etwa ab 1920 hatte sich Baabe zu einem Badeort entwickelt. Da es keine Kirche gab, hielt der Pfarrer aus Middelha-

Kirche in Baabe – „Die Klingende“

gen in den Sommermonaten hier Gottesdienst
im Freien ab. Als Traditionspflege erhielt die Kir
che eine Außenkanzel. Genutzt wurde sie bishe
wohl nicht. Mitten im Ort kann man in den Ra
senden Roland, einer Schmalspurbahn, steige
und bis Göhren oder in die andere Richtung bi
Putbus bzw. in der Saison bis Lauterbach fah
ren. Frühaufsteher können im Baaber Bollwer
traumhafte Sonnenaufgänge erleben, besonder
im Herbst, wo der Bodennebel die Landschaf
mystisch verzaubert.

Mit einer kleinen Ruderfähre geht es über die Baaber Bek nach Moritzdorf, das auf dem Muttland liegt. Von dort führt ein Wanderweg zur derzeit leider geschlossenen Gaststätte Moritzburg. Eine herrliche Aussicht auf Bollwerk und Having entschädigt für den nicht ganz leichten Aufstieg. Im Bollwerk bietet der „gestrandete“ Fischkutter Lütt Matten leckere Fischgerichte an.

Die kleine Ruderfähre setzt von Baabe nach Moritzdorf über.

Ostseebad Göhren

Göhren ist ein gemütliches Ostseebad mit mondänen Hotels, Restaurants, Cafés, Geschäften und einer besonders schönen Bäderarchitektur. Die weißen Balkone und Veranden mit den typischen Rundbögen verleihen dem Ort ein stilvolles Ambiente. Bei Bauarbeiten im Jahre 2002 entdeckte man einen historischen Brunnen. Der Sagenbrunnen ist eine kunstvolle, sechseckige Sagenpyramide aus Stahl.

Bäderarchitektur verzaubert Göhren

Die Göhrener Seebrücke

Die Seebrücke wurde 1993 neu errichtet. Sie ist 350 Meter lang, davon ragen 270 Meter in die Fluten der Ostsee.

Der lange Sandstrand wird von einer breiten Strandpromenade, der Bernsteinpromenade, gesäumt. Auf dem Kurplatz mit dem historischen, denkmalgeschützten Musikpavillon finden im Sommer zahlreiche kulturelle Veranstaltungen statt. Der 2003 angelegte Themengarten bietet Laubengänge mit Labyrinth, Wasserspiele und Brunnenanlagen. Zum Kurpark gehört auch der

Kneippgarten in einzigartiger Lage mit Meerblick. Das Ostseebad Göhren trägt seit 2007 das offizielle Prädikat „Kneippkurort“ und ist der einzige an der Ost- und Nordseeküste.

Das Traditionsbewusstsein der Mönchguter und das Engagement der Heimatforscherin und Museumsgründerin Ruth Bahls haben dafür gesorgt, dass es in Göhren gleich vier Museen gibt. Das Heimatmuseum befindet sich mitten im Ort. Es ist ein Rohr gedecktes Gebäude, das ca. 1850 erbaut wurde. Vor seinen weißen Mauern

In Göhrens Kurpark

Eines der ältesten Gebäude Rügens – das Rookhus

blühen im Sommer Rosen. Im Garten sind Geräte aus Ackerbau und Fischerei zu besichtigen. Das schornsteinlose Rookhus, wegen seines Daches auch Zuckerhut genannt, dokumentiert die Wohnstätte der ärmeren Bevölkerung. Es entstand um 1700 und ist eines der ältesten Gebäude auf Rügen.

Während diese beiden sehenswerten Zeugnisse der Vergangenheit in eine gesicherte Zukunft blicken, sieht es für den lieblichen Museumshof und das Plattbodenschiff Luise mit Requisiten der

Evangelische Kirche „Die Klare" in Göhren.

Seefahrt und Fischerei ungewiss aus. Der Küstenfrachter wurde nach aufwendiger Sanierung 1982 als Museumsschiff eröffnet. Noch sind im maritimen Freilichtmuseum neben dem Küstenfrachter viele Exponate aus der Seefahrt wie Seezeichen ausgestellt. Ein Blick über die Absperrung ist möglich, begehbar sind beide Museen seit 2019 leider nicht mehr.

Sagenbrunnen und Heimatmuseum mit Gedenkstein für Ruth Bahls.

Auf einer Anhöhe thront die doppeltürmige Dorfkirche aus dem 20. Jahrhundert. Ihre Grundsteinlegung erfolgte 1929, ihre Einweihung 1930. Den Beinamen „Die Klare“ verdankt sie der klar strukturierten und einfachen Bauart. Im Jahr 2006 wurde der Altarraum neu gestaltet. Sehenswert sind die farbigen Fenster im Altarraum und die Bark Seeadler. Aufgrund ihrer exponierten Lage sind die beiden mit Ziegel gedeckten Türme von weitem zu sehen.
Direkt daneben befindet sich der Speckbusch, ein Hügelgrab aus der Bronzezeit und heute Bodendenkmal. Von ihm genießt man eine phantastische Aussicht über das Mönchgut. Der ehemalige Wasserturm ist ein beliebtes Fotomotiv. Vom Hochzeitsturm des Vju-Hotels (ehemals Hanseatic) bietet sich ein wundervoller Weitblick. Wenn gerade keine Trauungen stattfinden, kann man ihn besuchen, auch wenn man nicht Gast des Hauses ist.

Traumhafte Stimmung an der Schwedenbrücke an Göhrens Südstrand.

Das Nordperd trennt den feinsandigen Nordstrand vom wildromantischen Südstrand. Steilküste, Steine und die Reste der Schwedenbrücke (auch Schwedenschanze) machen eine Wanderung zum Erlebnis. Man sollte allerdings nicht nach einer Brücke suchen. Die Schwedenbrücke ist ein Relikt aus alter Zeit, als Rügen noch schwedisch war. Sie wurde 1813 als Anlegestelle für Schiffe erbaut. Für den König von Schweden war dieser Ort ein strategisch wichtiger Punkt für die Kriegsführung. Wind und Wellen konnte die Brücke jedoch nur ein paar Jahrzehnte standhalten. Geblieben sind der Mythos und die traumhaften Stimmungen, wenn das Meer im Gegenlicht glitzert. Plant man eine längere Wanderung oder einen Strandtag sollte man Verpflegung mitnehmen. Am Hauptstrand befindet sich eine Minigolf-Anlage (Adventure Golf). Während die „naturidentischen" Rasenbahnen bei einigen zum Verdruss führen, bereiten sie anderen großen Spaß. Bei den Wikingertagen fühlt man sich gleich um 1000 Jahre zurückversetzt. Seit 1997 wird regelmäßig eine Bernsteinkönigin gewählt, die bei vielen Veranstaltungen im Ort für die Gäste erlebbar ist.

Ostseebad Mönchgut

Die Orte Middelhagen, Gager und Thiessow fusionierten zum 1. Januar 2018 zur Gemeinde Mönchgut, die im Dezember 2020 staatlich anerkanntes Ostseebad wurde. Auch Göhren und Baabe dürfen sich mit dem Prädikat Ostseebad schmücken. Vorher fusionierten die Dörfchen Klein Zicker mit Thiessow, Groß Zicker mit Gager und Mariendorf, Alt Reddewitz und Lobbe mit Middelhagen. Die malerischen Örtchen, in denen es scheint, die Zeit wäre stehen geblieben, fügen sich harmonisch in die Landschaft. Die aufgeführten Orte folgen der alphabetischen Reihenfolge.

Alt Reddevitz

Alt Reddevitz ist ein beschauliches Fischerdorf mit gemütlichen Gaststätten, viel Ruhe und Natur. Das Café Moccavino, mit dem Slogan „Meine Torten machen nicht schlank, aber glücklich!", bietet einen herrlichen Blick auf die Hagensche Wiek. Glückliche Stunden lassen sich erleben, wenn glitzernde Lichter auf dem Bodden tanzen. Der Reiterhof bietet Ausritte durch das Biosphärenreservat, über den Fliegerberg bis in die Baaber Heide. Am Ende von Alt Reddevitz liegt ein Naturcampingplatz. Ein kurzer Spaziergang über die Dünen führt zur Küste. Über einen wunderschönen Feld- und Wiesenweg gelangt man in den Wald der Baaber Heide zum **Herzogsgrab**. Alt Reddevitz ist sozusagen der Eingang zum Reddevitzer Höft.

In Alt Reddevitz

Gager

Gager bietet eine Oase für Ruhe Suchende. Ein kleiner, gut geschützter Fischerhafen an der Hagenschen Wiek bietet auch ca. 60 Seglern einen sicheren Platz. Das malerische Fischerdorf besteht aus zahlreichen Rohrdachhäusern aus dem 19. Jahrhundert, einem Zeltplatz und viel Natur. Über die Zickerschen Berge (auch Zicker Berge) führen Wanderwege bis in den gegenüberliegenden Ortsteil Groß Zicker. Von Groß Zicker sowie von Gager gelangt man auf Wander- und Radwegen, an Feuchtwiesen vorbei, zum langen Sandstrand an der Ostküste, der sich bis Thiessow zieht.

(Blick auf Gager)

Groß Zicker

Groß Zicker kann man als den wohl schönsten Ort Mönchguts bezeichnen. Das idyllische, denkmalgeschützte Dorf mit vielen Rohr gedeckten Häusern, in deren Vorgärten im Sommer Blumen mit einander wetteifern, hat sich viel von seiner

Sonnenuhr an der Kirche in Groß Zicker

Ursprünglichkeit bewahren können. Das Pfarrwitwenhaus – heute ein kleines Museum – ist ein besonders schönes Beispiel. Es wurde als Hallenhaus 1719/1720 erbaut und ist eines der ältesten Wohnhäuser Rügens. Bis 1810 bewohnten es Pfarrwitwen. Später diente es als Schule und bis 1984 als privates Wohnhaus. Der Garten wird liebevoll gepflegt, so dass hier den ganzen Sommer eine herrliche Blütenpracht zu erleben ist. Königskerzen, Margeriten, Zinnien, Ringelblumen, Stockmalven und andere Blumen erfreuen den Besucher.

Eine wechselvolle Geschichte erlebte die gotische Dorfkirche, die als „die Schöne" bezeichnet wird. Sie wurde um 1350 erbaut und ist das älteste Gebäude auf Mönchgut. Während Altarmensa, Sakramentstein und eine Glocke noch aus dem Mittelalter stammen, kamen die barocke Kanzel 1653 und die Grüneberg-Orgel 1864 hinzu. Der Radleuchter wurde 1868 von Thiessower Lotsen gestiftet. Die Südseite erhielt Anfang des 20. Jahrhunderts eine Sonnenuhr. Bei Sommerzeit geht nicht sie eine Stunde nach, die Menschen sind der

---

Pfarrwitwenhaus in Groß Zicker

Entdeckt in Groß Zicker

Zeit eine Stunde voraus. In jüngerer Vergangenheit wurde die Ausstattung um zwei neue Glocken und 2001 um das Votivschiff ergänzt. Sehenswert ist auch der alte Friedhof mit dem Jakobstein des Steinbildhauers Armin Forbrig.

Bei Touristen und Einheimischen gleichermaßen beliebt ist die Fischräucherei Dumrath. Im Garten „mit freundlicher Selbstbedienung“ kann man leckere Fischgerichte genießen und lustige Fotomotive finden. Es lohnt, den Ort zu Fuß zu

---

Kirche „Die Schöne“ in Groß Zicker

Bei Dumraths in Groß Zicker

durchstreifen. Die kleine Dorfstraße schlängelt sich bis zum Beginn der Zickerschen Berge. Letzte Station ist das Restaurant Taun Hövt. Hier ist nicht nur für Autos, sondern auch für Fahrräder Endstation. In die einmalige Naturlandschaft geht es nur zu Fuß. Auf der anderen Seite kommt man in Gager an. Egal von welcher Seite man seine Wandertour startet, die sanft hügelige Moränenlandschaft ist ein einmaliges Naturerlebnis. Direkt am Zickersee befindet sich ein kleiner Naturhafen mit Liegeplätzen für Fischer- und Sportboote.

Klein Zicker

Klein Zicker ist der letzte Ort auf Mönchgut. Eine Dorfstraße führt zwischen malerischen Häusern bis zum Hochufer. Eine Treppe ermöglicht den Abstieg zum urigen Strand. Im kleinen Hafen schlafen Fischerboote und einige Meter weiter haben Fischer ihre Reusen aufgestellt. Von dort schweift der Blick hinüber auf das Zickersche Höft. Ein schöner Wanderweg führt auf die kleine Halbinsel am Ende Mönchguts.

Fischerboote am Zickersee

Lobbe

Lobbe stand lange im Schatten der Seebäder Göhren und Baabe. Doch der kleine Badeort hat sich mehr und mehr bei Naturtouristen beliebt gemacht. Eine wildromantische Küste führt vom Lobber Ort, einem fast 20 Meter hohen Kliff, bis nach Göhren. Unterhalb des Kliffs ragt der Fritz-Worm-Stein aus dem Wasser. Vom Kliff bietet sich ein beeindruckender Ausblick bis zum Nordperd bei Göhren und zum Südperd bei Thiessow. Der Campingplatz Dat Stranddörp ist nur durch eine Straße vom feinsandigen Ostseestrand getrennt. Sie ist von Fliederbüschen gesäumt, die sich im Frühjahr zu einem Blütenparadies werden lassen. Im Süden kann Lobbe mit dem kilometerlangen Großen Strand aufwarten, der sich bis nach Thiessow erstreckt. Begleitet wird er von einem schmalen Kiefernwald. Direkt an der Landstraße thront das Lobber **Windschöpfwerk**, eine denkmalgeschützte Windpumpe. Die Windachsen

---

Kleiner Zicker

Mönchgut

*Klein Zicker ist der schönste Ort,
um Mönchgut zu erblicken,
man möcht' von dort wohl niemals fort,
so kann es uns erquicken.*

*Von See und Meer in Blau umgrenzt,
mit Hügelchen gesegnet,
mit Wiesenblumen schön bekränzt,
kaum dass uns wer begegnet.*

*Die Uferschwalben und der Wind
sind meistens in Bewegung,
doch gibt's auch Stunden mild und lind,
im Herzen einz'ge Regung.*

*Wenn Meeresglitzern uns beglückt,
im Äther weiße Wolken,
den Wildblum'strauß – im Geist – gepflückt,
dann ist's so, wie wir's wollten.*

Höhe beträgt 14, der Windrosen-Durchmesse knapp zehn Meter. Das Western-Windrad mi der Archimedischen Schnecke wurde 1920 al sogenannter Langsamläufer erbaut und diente der Entwässerung der angrenzenden Feuchtflächen um den Großen Lobber See. Im Jahr 1955 ersetzten elektrisch betriebene Pumpen die alten Schöpfwerke. Das technische Denkmal wurde 1987/88 repariert und 1996/97 rekonstruiert. E ist das einzige erhaltene Bauwerk seiner Art au Rügen von ursprünglich etwa 33. Stürme hatten dem Windrad in der Vergangenheit schon mehrfach zugesetzt. So musste 2006 die Windrose de montiert und repariert werden. Das Entsetzen aber war groß, als im November 2018 ein Sturm die über zwei Tonnen schwere Windrose herunte gerissen und nahezu komplett zerstört hatte. Mi Spenden und viel Engagement konnte das Wahrzeichen der Gemeinde Mönchgut repariert werden. Seit Mai 2020 steht das beliebte Fotomotiv und Zeuge regionaler Zeitgeschichte wieder.

Wahrzeichen Lobbes – das Windschöpfwerk

Mariendorf

Mariendorf wird von einer kleinen Dorfstraße durchzogen, an deren einen Seite malerische Häuser mit hübschen Vorgärten stehen, darunter typische Büdnerhäuser, auf der anderen vorwiegend Gemüse- oder Freizeitgärten liegen.
Sie führt direkt bis zur Hagenschen Wiek. Der Naturstrand ist nur bedingt zum Baden geeignet, da große Steine den Zugang erschweren. Er gehört zum Naturschutzgebiet Schafberg. Dieser

Blick vom Schafberg auf Middelhagen

bietet herrliche Wandermöglichkeiten, besonders zur Ginsterblüte, mit traumhaften Ausblicken auf das glitzernde Wasser. Auf der einen Seite erkennt man Middelhagen, auf der anderen kuscheln sich die Häuser von Mariendorf und Alt Reddevitz, das man ein paar hundert Meter weiter erreicht, in die Landschaft.

Middelhagen

Middelhagen liegt im Zentrum der Halbinsel Mönchgut. Es ist ein schönes Dorf inmitten üppiger Natur. Durch den Ort führt ein beliebter Radweg, direkt auf der Deichkrone. Sehenswert ist die St.-Katharinen-Kirche aus dem Jahre 1455. Die Saalkirche mit dem hölzernen Kirchturm wurde aus Backsteinen auf einem Feldsteinfundament errichtet. Der wuchtige Treppenturm oder das Gewölbe sind jünger und zeugen von einer wechselvollen Geschichte, was ihr den Beinamen „die Gezeichnete“ einbrachte. Der mittelalterliche Katharinenaltar aus Eichenholz, um 1480 angefertigt, kam wohl erst nach dem Dreißigjährigen Krieg (1618 bis 1648) in die Kirche.

Votivschiff und Orgel der Middelhagener St.-Katharinen-Kirche, „Die Gezeichnete“

Zur Ausstattung gehört ein aus Silber bestehender, vergoldeter Kelch aus dem Jahr 1597. Das Votivschiff „Perth“, aus dem Jahre 1842, war ein Geschenk der Göhrener Lotsen. Votivschiffe sind Danksagungen für die Bewahrung auf See bzw die Rettung aus Seenot. Die Grüneberg-Orgel, an der Albert Schweizer einmal gespielt haben soll stammt von 1862. Hinter der Kirche lädt ein kleiner Garten zum Entspannen ein.

An einer historischen Unterrichtsstunde kann man im Schulmuseum teilnehmen. Das Rohr gedeckte Haus wurde 1825 erbaut und ist seit 1986 Museum. Es diente ca. 150 Jahre als Einklassenschule und auch in dieser haben die Kinder Lesen, Schreiben und Rechnen gelernt. Der Lehrer war meist zugleich „Direktor und Hausmeister". Gegenüber befindet sich ein denkmalgeschütztes, historisches Hallenhaus mit der Galerie Breedehus. Sie bietet wechselnde Ausstellungen und kann von Künstlern gemietet werden.

Breedehus, Kirche und Schulmuseum in Middelhagen

Ein historischer Dorfrundgang lässt in den Alltag unserer Vorfahren blicken.
Überall in Middelhagen, bereits am Ortseingang trifft man auf farbige Installationen aus Metall und Glas oder teils skurrile Skulpturen aus Holz. Sie alle stammen vom Keramiker und Bildhauer Thom Wilke, dem es ein besonderes Anliegen ist, sich auf diese Weise in seine Gemeinde einzubringen. Neben Segelbooten und natürlich dem Windrad, dem Wahrzeichen der Gemeinde Mönchgut, sind es vor allem Fische, die es dem Künstler angetan haben. Ihre Vielfalt und ihr Formenreichtum faszinieren ihn und mit ihnen lässt sich am besten das Schöne mit dem Nützlichen verbinden, was sich in vielen Beschriftungen und Wegweisern wiederfindet und heitere Akzente setzt. In manch skurrilem Gesicht entdeckt man beim zweiten Blick ebenfalls Fische. Das bunte Haus der Mönchgut-Keramik, auch schon mal als „Hundertwasserhaus von Middelhagen" bezeichnet, fällt sofort ins Auge. Hier finden sich dekorative Figuren, genauso wie Gebrauchskeramik. Gleich dahinter befindet sich der Dorfweiher, auf dem im Sommer Seerosen blühen.

'ür das leibliche Wohl sorgt das Gasthaus „Zur ‚inde“ mit hauseigener Brauerei. Um 1450 als Closterschänke errichtet, ist sie der älteste Gastıof auf Rügen. Von dort führt eine kleine Straße entlang an schönen zumeist Rohr gedeckten Häusern mit bemalten Türen. Im Frühling und ommer sind die üppig blühenden Vorgärten ine Augenweide. Ein Bummel zu Fuß lässt viele 'otomotive entdecken. Auf der Wiese gegenüber veiden Kühe, die mit ihrer Gemächlichkeit zum

Mönchgut-Keramik von Thom Wilke

eigenen Innehalten anregen. Viele Häuser bieten Unterkünfte für Urlauber, die Entspannung und Erholung suchen. Zu Middelhagen gehören die Ortsteile Lobbe, Alt Reddevitz und Mariendorf.

Thiessow

Thiessow ist ein gemütlicher Ort mit einem noch ursprünglichen Fischerhafen, der geschützt im Zickersee liegt.
Gastplätze für Motor- und Segelboote sind vorhanden. Hier gibt es sie noch die Küstenfische die schwarz geteerten Boote, die Fischernetz zwischen den Bäumen.
Seinen Namen erhielt Thiessow von den Slawen er bedeutet soviel wie Eibenort. Das Ostseeba kann gleich mit drei Stränden aufwarten – im Os ten mit einem feinsandigen Badestrand, im Süde mit einem urigen Naturstrand und im Westen m einem Paradies für Windliebhaber. Die Küste zw schen Thiessower Haken und dem Ortsteil Klei Zicker ist eine Oase für Surfer und Kiter. Dort be findet sich ein Caravanstellplatz. Wenn man vo Traumlage sprechen will, dann trifft das hier zu

Die asphaltierte Uferpromenade ist ca. 300 Meter lang und wird von Spaziergängern, Radfahrern und Inlineskatern gleichermaßen genutzt.

Der Campingplatz liegt direkt am Zickersee unter Kiefern. Traumhafte Sonnenuntergänge unterstreichen das Urlaubsgefühl. In ein paar Minuten zu Fuß erreicht man den herrlichen Oststrand. Der Rügen-Markt, der jeden Dienstag und Donnerstag von Mai bis Oktober im Hafen stattfindet,

---

Blick vom Lotsenturm auf den Oststrand (Großer Strand) in Thiessow

ist ein Treffpunkt von ca. 80, meist einheimischen Händlern. Ihre Angebote reichen vom Steinofen brot, über Honig, Schmuck, kunstgewerblichen Dingen bis zu selbst geschneiderter Kleidung besonderen Büchern und Kalendern. Zahlreiche Stände sorgen für das leibliche Wohl. Die Anreise per Schiff ist die beste Wahl. Wer kein Gedrän ge mag, besucht den Markt am Nachmittag. Mi etwas Glück erlebt man Fischer beim Anlanden ihres Fangs.

Kein Geheimtipp mehr ist das Strandcafé direk an der Strandpromenade. Diese wurde 2020 fer tig gestellt und verläuft ca. 400 Meter paralle zum kilometerlangen feinsandigen Oststrand Bei schönem Wetter lohnt ein Besuch auf den Lotsenturm. Seit 2003 steht er an der Stelle eine historischen Lotsenwachturms auf dem 36 Mete hohen Lotsenberg.

Dieser gehört zum Naturschutzgebiet Südpere Ein leicht ansteigender Weg führt zwischen Fel dern, an deren Rändern im Sommer üppig Wild blumen blühen, bis zu einem kleinen Friedho Diesen umrundet man und gelangt zum Aus sichtsturm, dessen Plattform weitere 13 Meter i die Höhe ragt. Die Stahlfachwerkkonstruktion kann beim Blick nach unten schon mal für weiche Knie sorgen. Für den einen Euro, den der Zutritt kostet, und einen etwas anstrengenden Aufstieg wird man mit einem herrlichen Rundblick entschädigt, der über Thiessow, auf den Kleinen Zicker, auf Zickersee und Greifswalder Bodden, auf die Granitz mit dem Jagdschloss sowie auf Göhren mit dem Steilufer des Nordperds reicht.

Hafen von Thiessow

Bei guter Fernsicht lässt sich die Insel Oie und der Ruden sowie Usedom und die Rügenbrücke erkennen. Die historische Lotsenwache am Fuß des Turms gibt von April bis Oktober Einblick in das bis ins Jahr 1632 reichende Lotsenwesen. Im Jahr 1852 wurde Thiessow Hauptlotsenstation, was der Region zu etwas Aufschwung verholfen hatte. Ein Rastplatz lädt zum Verweilen ein. Auf einem schönen Weg und über den Abstieg durch den Wald erreicht man das Strandcafé.

Äußerlich hat sie mit einer Kirche nicht viel gemein, die kleine Kapelle hinter dem Haus Mönchgut. In den sechziger Jahren wurde der Rohbau von der Kirche übernommen und für gemeindliche Zwecke umgestaltet, ungewöhnlich in der damaligen DDR. Längst ist sie saniert und dient den Mönchguter Gemeinden heute vor allem als Winterkirche, da sie in der kühlen Jahreszeit beheizbar ist. Aufgrund ihres kleinen gemütlichen Gottesdienstraums ist sie „die Gemütliche“ im Kirchenreigen.

Lotsenturm auf dem Lotsenberg

AKTIVITÄTEN IN DER FREIZEIT

Der Rasende Roland

Die Rügensche Kleinbahn, liebevoll „Rasender Roland“ genannt, ist eine Dampflok betriebene Schmalspureisenbahn und fährt auf 750 mm Spurweite. Etwa 20 Prozent des Streckennetzes liegt auf Mönchgut. Im Kurort Göhren endet oder beginnt die Fahrt des Rasenden Rolands.
Die Kleinbahn fährt täglich von Putbus über Binz, Sellin und Baabe nach Göhren und wieder zurück. Seit 1999 führt die Fahrt an rund 100 Tagen im Jahr bis Lauterbach. Mehrere Dampfloks mit verschiedenen Reisezugwagen, Pack- und Güterwagen schnaufen gemächlich durch die Landschaft. Die ältesten sind ca. 100 Jahre. Seinen Namen verdankt der Rasende Roland der „enormen“ Geschwindigkeit, mit der er durch Felder, liebliche Hügellandschaften und dichten Wald dampft. Sie wird mit 30 km/h angegeben. Seit der Streckensanierung ab 1997 ist er oft ein bisschen schneller unterwegs. An jedem Bahnübergang

ist sein Pfeifen unüberhörbar. Der Weg bergauf zum höchsten Haltepunkt der Insel, unterhalb des Jagdschlosses Granitz, verlangt ihm einiges ab. Der Rasende Roland ist die älteste Schmalspurbahn Deutschlands, die noch fahrplanmäßig verkehrt. Der historische Traditionswagen wird gelegentlich für Sonderzugfahrten eingesetzt und kann gebucht werden, genauso wie Salon- oder Speisewagen.

Mit bis zu 30 km/h düst der Rasende Roland über Rügen

Wer sich traut, kann sich auf den Bahnhöfen in Putbus oder Göhren trauen lassen. Die Strecke steht seit 1975 unter Denkmalschutz. Ein nostalgisches Erlebnis ist die Fahrt mit dem rollenden Museum allemal.

FKK – eine Lebenseinstellung

Am Großen (Gager) Strand befinden sich die schönsten Strandabschnitte für die FKK-Anhänger. Der Nachwendestreit zwischen Textilern und FKKlern ist mittlerweile beigelegt. An den vielen Badebuchten, wo weder das eine noch das andere ausgewiesen ist, respektiert man sich gegenseitig. Keiner stört sich am anderen und jeder kann so baden bzw. sonnen, wie er es will. Sollte sich doch einmal jemand durch den Anblick von FKK-Badegästen gestört fühlen: Textilstrände gibt es viele. Es soll schon der eine oder andere „Gegner" Gefallen an der nahtlosen Bräune und dem freien Schwimmen gefunden haben. Die Freikörperkultur ist eine Lebenseinstellung und Sinnbild für Freiheit. Sie wurde in der DDR nicht gefördert, sondern von den FKK-Liebhabern erkämpft. E war ein Gemeinschaftsgefühl, welches es so heute nicht mehr gibt. Die Freikörperkultur in der DDR hatte – anders als im Westen Deutschlands – nichts mit Vereinswesen zu tun. FKK geht eng mit Naturismus einher. So finden sich unter den Nacktbadern viele Natur verbundene Menschen.

FKK ist eine Lebenseinstellung

Fahrrad oder Pferd?

Die Halbinsel Mönchgut bietet ein gut ausgebautes **Fahrradwegenetz**. Besonders schön radelt es sich auf der Deichkrone mit Blick auf die Hagensche Wiek und vorbei am Lobber Windrad bis zu den Ostseebädern.

Die Radwege führen mitten durch herrliche Landschaften, entlang beeindruckender Alleen oder durch ursprüngliche Buchenwälder und bieten romantische Rastmöglichkeiten.

Manche Touren können Passagen mit losen Untergrund enthalten und sind nicht ganz einfach

Wandern oder Reiten – diese Frage wurde hier geklärt.

zu bewältigen. Die Kurverwaltungen vor Ort geben hierzu gern Auskunft. Das Ausleihen von Rädern ist vielerorts möglich. Auf dem Rücken der Pferde, auf dem ja bekanntlich das Glück liegt, lässt sich die Natur auf idyllischen Reitwegen erkunden und genießen.

Mit dem Schiff über die Ostsee

Die Ostseebäder Baabe, Göhren, Mönchgut und das vor dem Mönchgraben gelegene Sellin haben im Jahr 2021 gemeinsam mit der Weißen Flotte ein Pilotprojekt gestartet: Den ersten kurabgabenfinanzierten Schiffsverkehr Deutschlands. Der neue Fahrplan ermöglicht einen regelmäßigen Schiffs- und Pendelverkehr zwischen den Orten. Zum Einsatz kommen zwei Schiffe und eine solarbetriebene Fähre, die Kurkartenbesitzer

Mit der „Weißen Flotte" von Baabe nach Lauterbach.

(Tageskurkarten ausgenommen) stress- und staufrei befördern. Zu den Rügen-Markt-Tagen wird auch Thiessow angefahren. Es bleibt zu hoffen, dass diese Innovation in Sachen Mobilität in der Zukunft Bestand haben wird.

Mit dem malerischen Bollwerk hat Baabe eine Anbindung zum Schiffsverkehr. Von dort schippert man durch die Baaber Bek, die den Selliner See mit der Having verbindet, über Gager, vorbei an der Insel Vilm bis Lauterbach auf dem Muttland. Zurück geht es wahlweise wieder mit dem Schiff oder mit dem Rasenden Roland. Für diese Tour empfiehlt sich das Kombiticket „Wasser & Dampf".

Von der Seebrücke Göhren lassen sich verschiedene Ausflüge unternehmen. Längere Rundfahrten führen bis nach Sassnitz zur Kreideküste oder man nutzt den Bäderverkehr zwischen den Seebrücken. Vom Hafen Gager sind mit dem Fahrgastschiff „Mönchgut" Ausflüge z. B. nach Peenemünde, Greifswald oder Lauterbach möglich. Der Blick von der Seeseite bietet völlig neue Perspektiven auf die Seebäder und die einzigartige Küstenlandschaft.

Wassersport und Angler

Die Ostsee ist ein hervorragendes Refugium für **Wassersportfreunde**. Sie bietet ein ideales Terrain für Segler und Windsurfer, da Rügen zu den windreichsten Regionen Deutschlands zählt. „Wir haben 300 Tage im Jahr Wind und den Rest Sturm." wie die Einheimischen sagen.
Zum Stand up Paddeln oder Kanu fahren ist die Region ebenfalls gut geeignet und auch Seekajaktouren werden angeboten. Die Surfoase bei

Stand up Paddeln am Weststrand von Thiessow

Die Kiter lieben den Wind.

Thiessow bietet Kurse zum Surfen, Segeln und Kiten an. Direkt am Strand im Ostseebad Baabe an einer wunderschönen Bucht befindet sich die älteste Surf- und Segelstation an der Ostseeküste Rügens. **Angler** treffen hier auf ein wahres Paradies. Möglichkeiten finden sich unter anderem in Thiessow, an der Küste von Baabe und in der Hagenschen Wiek. Der Angelpark Göhren ist ein kommerzieller Angelteich, wo z. B. Karpfen, Störe und Flussbarsche an den Haken gehen. Die Fischarten variieren hier von Jahr zu Jahr.

Blick vom Kleinen Zicker nach Groß Zicker

BERNSTEIN – DAS HARZ AUS DER URZEIT

Das Gold der Ostsee – Bernstein

Der **Bernstein**, das Harz aus der Urzeit, erfreut sich großer Beliebtheit. Er ist seit Jahrtausenden bekannt und vor allem im Ostseeraum verbreitetet. Aus den klaren bis undurchsichtigen gelben Steinen aus fossilem Harz werden zahlreiche Schmuckstücke gefertigt. Besonders teuer (sofern echt) sind Bernsteine mit Einschlüssen (Inklusen). Der Bernstein, der in den Geschäften angeboten wird, stammt zumeist aus polnischen und russischen Gebieten. Aber auch hier, vor allem zwischen Göhren und Sellin, lässt sich Bernstein finden. Die beste Zeit sind Herbst und Winter. Nur im kalten Meerwasser treibt das versteinerte Harz nach oben. Bei ıuflandigem Wind, nach Stürmen und mit etwas Glück ist im Spülsaum, vor allem im Seetang, das Gold des Meeres zu finden. Hingewiesen sei auf die Verwechslungsgefahr mit Phosphor. Trocknet dieser, verbindet er sich mit Sauerstoff und entzündet sich bei gut 20 Grad. Seine Flamme ist mit Wasser nicht zu löschen. Daher sollte man gefundenen „Bernstein" immer in eine Tasche, entfernt vom Körper, stecken. Die Mecklenburgische Küstenlandschaft ist vermehrt betroffen, auf Rügen st bisher kein Fall bekannt.

Göhrens Bernsteinkönigin für die Jahre 2020/21

TRADITION UND BRAUCHTUM

Mit dem um 1900 aufkommenden Tourismus befürchtete man, dass die Mönchguter Tradition an Bedeutung verlieren würde. Um diese zu bewahren, wurde die Volksbrauchtumsgruppe 1898 gegründet. Den Heimatforscher Fritz Worm, der sich auch für die Erhaltung der plattdeutschen Sprache einsetzte, kann man als Initiator bezeichnen. Die Tradition wie auch die Trachten wurden in der Familie weitergegeben. Da fast jeder Haushalt einen Webstuhl besaß, wurde die Kleidung selbst gefertigt und war von enormer Haltbarkeit. Über die Jahre musste dann jedoch schon einmal nachgewebt werden. Noch bis etwa 1965 kam die Alltagstracht zum Einsatz, die weit dunkler war, als die Sonntagsausgehtracht, die heute bei den Vorführungen getragen wird.

Die Tracht selbst kam aus dem Holländischen. Mit dem Hakensystem der Frauenröcke konnte man den Umfang der jeweiligen Hüfte anpassen. Typisch für die Röcke ist der blaue Rand, bei Witwen ist dieser schwarz. Je nach Jahreszeit wurden bis zu sieben Unterröcke getragen. Der mit zahlreichen kleinen Perlen bestickte Brustlatz ist eine besondere Zier. Unter den Kopfbedeckungen ragt eine weiße Baumwollspitze hervor. Die weiße Hose der Männer heißt Büx. Der Begriff stammt aus dem Plattdeutschen.

Dem Mönchguter Trachtenverein gehören etwa 24 aktive Mitglieder an, die bei verschiedenen Anlässen ihre Tänze vorführen.

Der Mönchguter Trachtenverein pflegt das Brauchtum.

DIE STILLE ZEIT

Wenn die Zugvögel ziehen, tritt im Herbst Ruhe ein ins Mönchgut. Links: Winter bei Thiessow

Wenn sich im Herbst die Zugvögel sammeln, um bald ihre weite Reise in den Süden anzutreten, verlassen auch die meisten Touristen die Insel. Auf den Straßen wird es leerer, die Kurkonzerte sind verstummt, manche Gaststätten und Hotels nehmen eine Auszeit. Wind und Wellen setzen den Seebrücken ohnehin zu, nun müssen sie sich noch gegen Eis und Winterstürme behaupten, was nicht immer gelingt. Abgesehen von der Zeit um den Jahreswechsel, wo reges Treiben in den

Seebädern herrscht, wird es still auf Mönchgu
Gerade diese Stille jedoch ist für manche Men
schen der Grund, die Halbinsel jetzt zu besucher
Die winterliche Ostsee hat ihren eigenen Reiz. I
„richtigen" Wintern bieten sich um den Thiesso
wer Haken traumhafte Stimmungen, wenn di
Sonne ihre gleißenden Strahlen auf das Eis wirf
Wellengang und Wind sorgen für Eispressunge
und bizarre Formationen aus dem gefrorene
Nass. Den Großen Strand, im Sommer von Ba
degästen übersät, hat man nun fast für sich allei
Man muss die Einsamkeit schon ein bisschen lie
ben und man schätzt sein warmes Feriendomiz
umso mehr, aber es ist eine gute Zeit, um zu sic
selbst zu finden.

Winter am Meer

Eisig und klar liegt vor uns das Meer,
an den Rändern bizarre Kristalle,
Sturm und Wellen brachten sie her,
auf dass es uns allen gefalle.

Steine in Glas – bezaubernd und klar,
spritzendes Nass festgefroren,
Wunderwelt Wasser bietet sich dar,
ein Märchen aus Eis ward geboren.

Bald türmen sich Berge aus splitterndem Eis,
verstummt ist im Meer alles Leben,
doch dann, ein Lichtstreif auf knirschendem Weiß,
die Sonne wird alles beleben.

Am Strand von Thiessow

Kaming bei Mondschein

Die Rhino-Westentaschen-Bibliot

Unser komplettes Programm finden Sie im Internet unter: shop.vggh.de

Neuerscheinungen Frühjahr 2022

Rhino-Westentaschen-Bibliothek

RHINOVERLAG

BLEIBT IMMER AUF DEM LAUFENDEN
#OSTSEEBADMÖNCHGUT

OSTSEEBAD-MOENCHGUT.DE

Ostseebad
MÖNCHGUT
RÜGEN